Lenguaje corporal

¿cómo ser un detector de mentiras?
(Las técnicas psicológicas del lenguaje corporal)

Nuri Luna

Publicado Por David Kruse

© **Nuri Luna**

Todos los derechos reservados

Lenguaje corporal: ¿cómo ser un detector de mentiras? (Las técnicas psicológicas del lenguaje corporal)

ISBN 978-1-989744-32-1

Este documento está orientado a proporcionar información exacta y confiable con respecto al tema y asunto que trata. La publicación se vende con la idea de que el editor no esté obligado a prestar contabilidad, permitida oficialmente, u otros servicios cualificados. Si se necesita asesoramiento, legal o profesional, debería solicitar a una persona con experiencia en la profesión.

Desde una Declaración de Principios aceptada y aprobada tanto por un comité de la American Bar Association (el Colegio de Abogados de Estados Unidos) como por un comité de editores y asociaciones.

Las marcas registradas utilizadas son sin ningún tipo de consentimiento y la publicación de la marca registrada es sin el permiso o respaldo del propietario de esta. Todas las marcas registradas y demás marcas incluidas en este libro son solo para fines de aclaración y son propiedad de los mismos propietarios, no están afiliadas a este documento.

TABLA DE CONTENIDO

Parte 1 1

Introducción 2

Capítulo 1: Un Silencio De Un Millar De Palabra 6

Capítulo 2: Otro Idioma Real 12

Capítulo 3   Cómo El Lenguaje Corporal Impacta En La Comunicación - Retroalimentación 20

Capítulo 4: Cómo Utilizar El Propio Lenguaje Corporal 25

Chapter 5: Estrategia Básica Para Analizar A Las Personas. 30

Capítulo 6   Lenguaje Corporal Para Una Entrevista De Trabajo.. 36

Capítulo 7: Seis Errores En El Lenguaje Corporal............... 42

Capítulo 8: Mitos Del Lenguaje Corporal.......................... 50

Conclusión 55

Parte 2 57

Introducción 58

Comunicación Sin Palabras... 60

¿Por Qué La Comunicación No Verbal Importa? 78

Cómo Leer El Lenguaje Corporal 83

Cómo Interpretar Señales No Verbales 93

Beneficios De Mejorar Las Señales No Verbales................ 98

Conclusión 108

Parte 1

Introducción

El lenguaje corporal es un idiona universal. Todos utilizamos signos corporales para la comunicación no verbal entre nosotros. La capácidad de comprender el lenguaje corporal es una de las herramientas más valoradas que se pueden tener para entender a los demás.

Entender lo que realmente se te comunica, lleva la conversación a un nivel completamente nuevo. Puedes hacer a las personas sentirse cómodos y relajadas, eres capaz de crear un sentimiento profundo de confianza. Te conviertes en alguienagradable.

Todo estoes extremadamente útil porque en el fondo a las personas les gusta compartir su cariño, dar su apoyo y tratar sus temas con las persona con las que se sienten cómodos.

En resumen: cuanto más comprendes los pensamientos, sentimientos y necesidades de las otras personas, mejor sabes lo que quieren de ti; cuanto más consigas acercarte a ellos, más agradable les parecerás; cuanto más agradable seas más facilmente podrás conseguir lo que quieres.

Comprender el lenguaje corporal no es difícil en cuanto sabes lo esencial. Es como aprender a pensar en un nuevo idioma en el que aprender el distinto significado de gestos y expresiones.

Comprender el lenguaje corporal es parte de muchas profesiones. Normalmente los agentes de policía se entrenan para comprender el lenguaje corporal porque es una herramienta útil mientras interrogan a los sospechosso o hablan con los testigos. Los policías pueden determinar con facilidad, observando el lenguaje corporal de las otras personas, si la persona está o no mintiendo.
Compender el lenguaje corporal es sencial en las profesiones relacionadas con la educación. Sobre todo en niños es vital para los profesores comprender el

lenguaje corporal. Por regla general los niños no son capaces de expresar sus sentimientos utilizando el vocabulario por tanto los educadores deben tener al menos una base de conocimiento del lenguaje corporal para comprender completamente lo que sus alumnos intentan decirles.

Si se trata de dar órdenes o comunicar ensajes es esencial comprender el lenguaje corporal. Si las personas con las que trabajas o siemplemnte interactúas conocen el lenguaje corporal es mucho más fácil comunicarte con ellos; además, la combinación correcta de lenguaje corporal y comunicación verbal llega a producir una comunicacón más efectiva.

Comprender el lenguaje corporal ayuda a las personas a representar su personalidad. POdría incluso haber gente que encuentras a en tu vida con quienes realmente nunca has cruzado una palabra pero de quienes sin embargo podrías hacerte una idea superficial de su modo de actuar simplemente basándote en su expresión no verbal. Es esa vibración de algún tipo de energía que notas cuando alguien está de buen o mal humor. Algo que se siente de algún modo sin que se diga con palabras.

Se debe al hecho de que tu subsconsciente comprende e interpreta el lenguaje corporal y te manda esa información que recoge mediante los sentimientos que despierta en ti la otra persona. No nos percatamos a nivel consciente de lo que motiva que sientas a los otros de una determinada manera, simplemente se sabe. Es sin más algo que se sabe de los otros y que está ahí quieras darte cuenta o no o te sientas más o menos involucrado.

Este libro te muestra esquemas probados y estrategias para inerpretar y utilizar el lenguaje corporal para que te comuniques sin basarte solo en señales verbales y vocales.

Aprenderas las claves y técnicas necesarias para entender mejor como realmente se sienten los otros por encima de lo que dicen. También te dará algunos trucos para ayudarte a controlar en tu beneficio cual es la percepción que el resto tiene de ti..

Capítulo 1: Un silencio de un millar de palabra

Puede parecer sorprendente cuando lo oyes por primera vez pero cada día tomamos la mayor parte de nuestras decisiones basándonos en los juicios que obtenemos gracias al lenuaje no verbal. Sé que puede parecer radical al princpio pero presta atención a los siguientes ejemplos: Podemos nombrar infinidad de personas y estudios en un momento pero prefiero no profundiar tanto al principio; más adelante trataremos estos estudios pero en tu vida cotidiana puedo mostrarte como utilizas tus juicios basados en el lenguaje corporal para diseñar tu forma de actuar.

Has visto las entrevistas que se hacen en tu empresa. Alguna vez podrías tener que realiza alguna entrevista. Seguramente te has dado cuenta de que quienes son contratados son los que siguen los usos socialmente aceptables, mantienen el contacto visual, te chocan la mano con un choque firme, no se muestran nerviosos, no miran a su alrededor ni tartamudean.

En definitiva los elegidosson aquellos que se muestran tan confiados y competentes como para conseguir el trabajo. Pero esto no es más que un ejemplo. Piensa en tu vida sentimental. Cundo te fijas en un hombre o una mujer que te atrae y quieres llamar su atención haces automáticamente cosas pra llamarla. Puede que hagas lo que hac todo el mundo y te pongas a reir en voz alta o a hablar fuerte. Quizás hagas un poco el payaso.

Si ves que se interesan, simplemente tienes que echar más madera al fuego pero si por el contrario te das cuenta de que les da igual, de que lleva anillo de compromiso o de que realmente no están por ti, terminas con el teatro.

Basas lo que haces en lo que las otras personas hacen.

Es una verdad que se diversifica incluso más allá de nuestra vida social.

En los juzgados, los acusados que lo son por alguna razón, pueden conseguir salir mejor parados si caen bien al juez y al jurado. Es subliminal y a menudo subconsciente pero la expresión facial, el contacto visual y sus señales corporales en general causan esta impresión en su entorno y por tanto obtienen sentencias más favorables o incluso salen libres de cargos.

Los políticos también forman parte de este mundo. Un estudio de Princeton mostró que lo que se percibe de la expresión facial de los políticos en un solo segundo influye un 70% en la intención de voto.

¿Por qué?

Porque damos mucha importancia a nuestra propia percepción de las cosas. No como son las cosas realmente sino como pensamos nosotros que son.

¿Nunca has conocido a alguien y habéis encontrado que tenéis conocidos en común, conexiones comunes? Quizás estas conexiones comunes son con alguien que no conoces bien pero que tu amigo conoce bastante bien. Empieza a contarte todo tipo de cosas que no sabías del conocido a quien tenéis en común y te das cuenta de que no las sabías porque jamás se las habías preguntado.

Puede que veas a esa persona cada día pero a lo mejor jamás has hablado con ella. Es posible que sea su expresión facil lo que te hace pensar que es poco agradable sin ni siquiera hablar con ella. Quizás sea la forma que tiene de colocar los brazos o como se sienta a la mesa en la comida. Incluso es posible que sea una combinación de cualquiera de estas cosas pero te das cuenta de que te ha creado una opinión sobre esta persona sin haber cruzado una sola palabara con ella.

Nos pasa igual con las personas que nos cruzamos por la calle y con quienes ponemos en posiciones de poder sobre nosotros y lo hacemos todos entre nosotros todos los días.

Piensa e este ejemplo:

Ves a uno de tus compañeros de trabajo, ese que normalmente ves siempre que irradia buen rollo y está contento, que hoy no sonríe. Hoy no levanta la vista del trabajo, no sale de su puesto, tiene una actitud bastante introvertida, centrada en sí.

Con todo esto entiendes que seguramente está de mal humor. No sabes la razón ni se la vas a preguntar, seguramente no te importa pero te alejas de esa persona y sigues adelante con tu día simplemente porque das por sentado que esos son sus sentimientos.

Un ejemplo perfecto de esta tendencia social es etiquetar a algunas peronas como "con cara de pocos amigos".

Si alguna vez haspasado algo de tiempo en las redes sociales, sabrás de lo que te hablo incluso puede que seas una de esas personas que tiene una de esas caras: alguien que tiene esta aparienca es poco amigable simplemente por la forma de su cara.

Estas personas pasan por la vida y los tratan como si no fuesen personas agradables por como es su cara en circunstancias normales. Hay cientos de chistes y vídeos que utilizan esta idea, si analizas las razones te darás cuenta de que tengo razón.

Creamos opiniones y juicios sobre personas basándonos en nada más que en la imagen que nos da de ellas su cara. Llevamos el tema más allá y tratamos a las personas de un cierto modo, votamos por ellos o nos creamos una opinión de estas personas basándonos en la percepción que tenemos de ellas.

No voya decir si esto está bien o mal si no simplemente que el hecho es cierto. Puedes utilizar esta verdad a tu favor dando la impresión de que eres de fiar, capaz y fácil de tratar. Si te muestras como un lider, se te tratará como a un líder.

Capítulo 2: Otro idioma real

Tienes que acordarte de cuando empezaste a estudiar un idioma nuevo en el instituto. Para algunos fue obligatorio. Tienes que cursar uno o dos años de otro idioma, bajad las manos, no hay más elección, no te dejan opinar.

Es posible que en tu instituto te dieran la oportunidad de elegir el idioma que querías aprender entre francés, alemán, idioma autóctono, lenguaje de signos o cualquier otro. Quienes eligieron el lenguaje de signos seguro que recuerdan a los otros chicos diciéndoles que hacer signos con las manos no es un idioma real y por tanto no era una asignatura de verdad.

Si has asistido a estas clases o has podido ver a dos personas hablando en lenguaje de signos te habrás dado cuenta de que es un idioma y de que es difícil de aprender al principio.

También estan las lenguas muertas. Lenguas que ya nadaie habla o que lo hace tan poca gente que no se las puede considerar lenguas vivas Seguramente estarás pensando ahora mismo en el latín. Incluso aunque hay incontable terminología médica, legal e incluso religiosa en latín, esta lengua sigue considerándose como muerta.

Hay otra lengua que está sana y salva. Es seguramente el idioma más universal de todos, cualquiera puede leerlo sin pronunciar ninguna palabra.

Me refiero al lenguaje corporal.

Puedes dudar de si es un idioma real pero deja que te pare un momento. El lenguaje corporal, más conocido como comunicación no verbal en las ciencias sociales, es la muestra de una emoción o un pensamiento sin decir palabra alguna.

¿No te convences todavía?

Piensa en esto: como personas estamos entusiasmados con el lenguaje corporal. Si vemos a dos personas al otro lado de la calle haciéndose gestos agresivos el uno al otro, automáticamente nos paramos para ver que es lo que va a pasar después, Si vemos por la ventana a dos personas que están muy juntas y desbordan pasión, asumimos que van a llegar al paso siguiente.

Si un famoso o una persona de la alta sociedad hace un gestoo niega con un gesto, hablamos de este hecho duante semanas.

¿Por qué?

Porque queremos sabes que es lo que hay detrás de este gesto. Queremos saber porqué la persona hace un gesto o no lo hace, queremos saber porqué la gente se pelea o deciden no llegar más lejos, queremos saber más de la historia porque la parte de la historia que hemos leído en su lenguaje corporal no es suficiente para satisfacer nuestra curiosidad.

Mientras pasas todo el día enterándote del último cotilleo basado en el lenguaje corporal, puedes verlo ocurriendo a tu alrededor en tu día.

Tus citas te dicen que no les importa donde vayáis a cenar pero te percatas durante toda la noche que no querán ir al restaurante que elegiste. Tu jefe te dice buenos días como siempre pero te das cuenta de que algo va mal por el modo de interactuar que ha tenido.

Te parece que la persona del mostrador no te trata con respeto aunque no te haya dicho nada desagradable y seguro que te has encontrado en alguna situación en la que podías decir: "No me ha dicho nada pero es que no hacía falta. Se notaba..."

En toda y cada una de estas situaciones interpretabas el lenguaje corporal.

Recuerda todos interpretamos el lenguaje corporal durante todo el día del mismo modo que tú. Por lo tanto quiere decir que también otros te interpretan.

¿Que cuenta tu lenguaje corporal al mundo?

Práctica 1.

Tómate un momento ahora mismo y analiza cómo estás sentado. Ya estés en un despacho, en la biblioteca, en casa o en cualquier otro lugar no cambies tu posición, no te muevas.

Piensa en como te has sentado. ¿Estás echado?? ¿Piernas cruzadas? ¿Tienen los brazos colgando?

¿Ocupas tan poco espacio como puedes? O por el contrario has cogido tanto sitio como podías?
¿Cómo te presentas a quienes tienes a tu alrededor ahora mismo?
¿Te has analizado? Muy bien.
Lo que te has parado a analizar sobre ti mismo es lo que se llama expresión no verbal.
Todos subconscientemente nos expresamos de alguna manera ya lo pensemos o no. El modo en que te sientas, te pones de pie, te relajas o hablas a los otros resulta de la percepción que tienes de ti mismo.

¿El qué?
Es cierto. Nos dejamos llevar por el poder y la dominarción que sentimos que poseemos. Esto no pasa solamente en personas si no que los animales también lo hacen.

Si alguna vez has visto a un puesrcoespín o un tejón sabrás que cuando se enfrentan al peligro intentan mostrarse lo más grandes posible. Lo hacen para exhibirse delante de sus ofensores.

Los osos y los pájaros también lo hacen. En los primates también es común. En todos los animales se ve la misma reacción.

Acuérdate de los pavos o los pavos reales Giran alrededor de sí mismos con las colas abiertas mostrándolas a por encima del lomo para que todos las vean. Se puede decir cuando se muestran así que no temen a nada. Se muestran al mundo como ellos mismosse ven... los mejores.

Las personas hacemos lo mismo. Párate por un momento y puensa en las personas seguras de mismas que conoces. No se inclinan ante nada, no miran al suelo mientras hablan con otros.. No se agazapan en la sombra. Se quedan de pie, con la cabeza bien alta y se comen el mundo.

Lo mismo pasa con los atletas que vemos en los juegos olímpicos. Ya lo hagan mejor o peor, ¿cómo se comportan?

Abren los brazos moviéndolos hacia adelante y hacia afuera en V, miran al cielo, abren su cuerpo completamente.
Esto lo hemos visto todos e incluso hemos copiado los gestos cuando hemos conseguido algo después de trabajo duro. Es expresión de poder y dominación.
Resulta interesante darse cuenta de que es un acto que nos sale de dentro. En otroas palabras, no hemos aprendido a hacerlo de esta forma compiándolo de lo que hemos visto en el mundo que nos rodea. Una persona ciega de nacimiento hará exactamente lo mismo cuando tenga ese sentimiento aunque nunca lo haya visto antes.

En cambio, ¿qué hacemos cuando nos sentimos que no tenemos poder?
Exactamente lo opuesto. Cuando sentimos que hemos perdido o que no podemos ganar nada (de manera literal o figurada) hacemos lo opuesto. Encogemos los brazos. Recogemos las piernas.
Intentamos ocupar el menor espacio posible para ni siquiera rozar el mundo

que nos rodea. Piensa en gente qe hayas visto comportarse así. Ruecuerda tu reacción ante ellos. Si son personas que no conoces te habrás preguntado que les pasa.

Si son personas que conoces pensarás que les pasa algo malo o si sabes lo que les ha pasado, si sabes porque lo hacen, los descriirás como debastados o emberrinchado. Sean cuales sean los pensamientos que te evoquen, lees los sentimientos según los que hacen en este sentido.

Capítulo 3   Cómo el lenguaje corporal impacta en la comunicación - Retroalimentación

Los seres humanos tienen dos oídos y una boca porque tienen que escuchar más que hablar. En inglés existe una forma de decirlo muy poética: "hablar mucho es tiempo perdido cuando se hace en las hora de trabajo y quien escucha es la fuente de agua, así poco trabajo se adelanta".
En situaciones extremas, la comunicación violenta, verbal o no verbal se utiliza en mucha relaciones humanas. En el libro "Non-Violent Communication" (comunicación no violenta), su autor, Rosenberg, ilustra la influencia de la comunicación violenta con palabras en el oema "Words are Windows" (las pabaras osn ventanas).

Tus palabras me sentencian
Me siento juzgado y condenado
Antes de ir necesito saber

si es esto lo que quieres decir.

Palabras condenando se lanzan habitualmente cada día en la conversaciones, son palabras degradantesmicro agresiones de lenguaje corporal. Puedes bloquear el canal de comunicación según la manera en la que utilices el vocabulario o los movimientos corporales. Puedes distanciarte o aislarte de amigos o familiares al cenurar su comunicación corporal. La comunicación efectiva tiene en consideración todos los aspectos de la vida humana incluido el paralenguaje de la comunicación. El paralenguaje está compuesto de los hechos vocales como la calidad de la voz el volumen y el ritmo que complementan la comunicación.

"El significado está en la mente", esta frase apunta a la idea de que lo que realmente se pretende en un discurso permanece por completo en la mente del orador.

"Un apretón de manos es un apretón de manos", quizás simplemente una expresión pero ¿cuál es el propósito del apretón de manos? ¿Qué se quiere expresar? ¿Dominación? ¿Amabilidad? ¿Lástima? El significado d esta expresión varía de un lugar a otro. La imagen que se muestra al inicio del siguiente capítulo arrojará más luz sobre las distintas interpretaciones y significados asociados con el choque de manos,

La comunidad Gbeya de la República Centroafricana valora el silencio en la conversación y la actitud se enfatiza con el proverbio: "Un discurso es algo interno que cuando sale fuera atrae a las moscas". Incluso Salomon en los proverbios insinúa que hasta un necio puede ser considerado sabio si mantiene la boca cerrada. Los momentos de comer tienen un lugar especial en esta cultura y esta comunidad. Se anima a que durante las comidas haya poca o ninguna conversación a menos que sea absolutamente necesario. El silencio o una pausa tiene distintos significados en las diferentes culturas.

¿Cuáles son los aspectos visuales de la comunicación no verbal? Lo más destacable son las expresiones faciales, los gestos, el contacto visual, la postura y el tono de la voz.

La retroalimentación porporciona la respuesta de la comunicación del lenguaje corporal de cuatro modos llamados:

Cuatro tipos importantes de retroalimentación en la comunicación humana

1. La retroalimentación ayuda a ajustar el mensaje.

2. La retroalimentacion dirige a la apertura y la honestidad.

3. La retroalimentación ayuda a identificar los objetvos que pueden conseguirse.

4. La retroalimentación funciona como agente motivador.

La retroalimentación ayuda a ajustar la intención, "Lo que quería decir...".

La retroalimentacion apoya a la apertura y la honestidad porque realmente seve el alma a través de los ojos. La comunicacion puede romperse en textos y correos electrónicos porque hay una falta de contacto visual y de leer las expresiones.

La retroalimentación ayuda a buscar los objetivos alcanzables según las valoración de las respuestas. Se puede aplicar en negociaciones como entrevistas de trabajo o en conversaciones personales con nuestra pareja. La retroalimentación puede actuar como agente motivador expresando ánimo para continuar el camino de la conversación. Si están intentando pedirle matrimonio a tu pareja, puede animarte el ver la alegría que muestra en la cara su mirada anticipándose a lo que va a pasar.

La comunicación puede no ser completa sin el sistema de siete signos que se señalan en el último capítulo de este libro, siete.

Capítulo 4: Cómo utilizar el propio lenguaje corporal

Ya se ha dicho anteriormente que el lenguaje corporal es una forma de comunicación no verbal mediante la cual se pueden enviar o recibir mensajes según los movimientos del cuerpo, los gestos, la expresión facial y otros similares. Existen gestos generales del lenguaje corporal que casi todos realizamos cada día. Pero, ¿sabes como hablar este idioma? ¿Puedes entender a otros cuando interpretas su lenguaje corporal? La importancia de saber como hablar utilizando el lenguaje corporal es tal que ahora puedes ejercer más control en las conversaciones que mantienes con otras personas recogiendo las claves no verbales y utilizando las tuyas propias para enviar los mensajes que normalmente pasan desapercibidas hacia la parte insconsciente de la mente.

Espacio personal

Cada uno de nosotros tiene su propio espacio personal. Es algo así como la zona de confort. Es una zona invisible que te rodea y que si alguien intenta invadir te hace sentir incómodo o amenazado. Este espacio personal depende de cada situación. Una persona que ha crecido en una ciudad con calles muy concurridas tiene un espacio personal menos amplio comparado con otra que vive en una zona rural. Aprender a respetar el espacio personal es uno de los modos más efectivos de comunicar entre dos pesonas o más mediante el lenguaje corporal. Los movimientos corporales y los gestor se reciben y comprenden mucho mejor cuando la distancia es la apropiada.

Gestos corporales y movimientos

En el leguaje corporal se utilizan algunas partes del cuerpo como ya se ha comentado. Las manos los brazos, las piernas, la cabeza y la postura del cuerpo comunican distinas cosas que el resto de personas interpreta inconscientemente. Si comprendes las señales que envías según tus gestos ya hemos dicho que estaás expresádote. Por ejemplo, si te ineresa que la otra persona sepa que estás interesado en él o en ella o en la conversación en general, mantén las manos abieras y mostrarás que estás abierto a ellos. Si escondes las manos y las metes en los bolsillos, inconscientemente sienten que les escondes algo o te estás aburriendo. Coloca la palma haci arriba y hacia afuera para mostrar que estás cómodo e interesado. Inclinar el cuerpo o dirigirlo hacia esa persona, también es señal de que estás escuchando al otro.

Sirve para causar buena impresión incluso en una situación más tensa como puede ser una entrevista de trabajo. Evita gestor que manden señales al otro de que estás nervioso, incómodo o simplemente desesperado. Algunsos de estos gestor son recolocarse inquietos, dar golpecitos con los dedos, arrastrar los pies o temblar. Estos actos muestran una falta de confianza.

Es posible hablar con un apretón de manos. Un apretón firme con la palma hacia el suelo y el brazo ligeramente extendido muestra confianza o poder. Por el contrario, uno debil y con la palma hacia arriba es indicativo de tensión o vergüenza.

Tienes que saber cual es el mensaje que transmites cuando cruzas los brazos. Esta es una de las acciones que tienes qie evitar porque dirá a otras personas que ocultas algo, mientes o estás impaciente.

Deja que tus ojos hablen. Tus ojos expresan claramente lo que sientes o deseas. El contacto visual es el elemente más importante del lenguaje corporal porque muestra muchas cosas entre otras interés, confianza, ganas de escuchar y sinceridad. La imposibilidad de mentner la mirada por un largo tiempo indica engaño o malestar.

Cuando aprendes a comunicarte utilizando el cuerpo te da cuenta de que es mucho más fácil para dar mensajes que solo utilizando palabras como siempre se ha hecho. Es muy útil dar el tipo de impresión que quieres crear en casi todas las situaciones. Existe una salvedad. Hay que tener en cuenta que no todo el mundo interpreta el lenguaje corporal del mismo modo. Algunas de estas reglas habituales son muy generales, con la experiencia aprenderás y afinarás tu capacidad para saber como la gente te responde.

Chapter 5: Estrategia básica para analizar a las personas.

Ahora que sabes más sobre como autoanalizarte, es el momento de analizar a los otros. Ya se ha dicho en el capítulo 1 que convertirse en una persona analítica tiene muchos beneficios que no vamos a detallar aquí. Desarrollar tus capacidades analíticas puede hacerte llevar una vida menos estrasante. Analizar a las personas puede ser complicado y abrumador porque así es como somos los humanos. Hay sin embargo un sistema para tener una base sólida y los sentimientos "claros" que tiene una persona.

Los tres niveles de análisis

Cuando conoces a alguien por primera vez no tienes ninguna información sobre su personalidad. Tampoco tienes mucha información sobre ellos salvo quetal vez hayas oído algo de alguien que tengáis e común. ¿Por dónde empiezas el análisis?

La estrategia básica para estudiar a las personas desde que las conoces por primera vez hasta que tienes con ellos una relación más profunda se puede dividir en 3 niveles:

Nivel 1

El primer nivel de análisis se ocupa del trato general de la personas. Son las facetas más obvias de su personalidad. ¿Es comuniciativo y extrovertido o tranquilo e introvertido? ¿Es hablador y acogedor o precavido y reservado? A menudo es posible saber en que grado una personas es introvertida o extrovertida bastante rápidamente pero para ser un buen bservador ties que tomar notas mentales y no dejar pasar. Existen otros puntos que pueden darte información sobre la cuestión de la extroversión o introversión. ¿Es una persona emocional o más intelectual? ¿se le ve apasionado cuando habla o es más racional, se mete "con precaución" en la conversación? Saber en que poisción se encuentra en la escala entre lo emocional y lo raciónal te ayudará conocer su reacciones en el futuo.

Nivel 2

Llegas al nivel 2 cuando tienes información sobre los objetivos que quire alcanzar esa perosna, como vive su vida, el modo en el que reaccióna ante los conflictos y temas similares. ¿La persona "vive el momento" y no se preocupa en hacer o seguir planes o por el contrario se siente má cómodo con una estructura, teniédolo todo organizado y siguiendo las reglas? Una persona que "vive el momento" será más expontánea, adaptable al cambioy no se preocupará intentando encajar en un rol específico. Una persona estructurada estará nervioso cuando las cosas no siguen el plan y se siente feliz cuando todo está preparado.

Otra pregunta a responder es, ¿es una persona de "grandes ideas" que no se bloquea en los detalles o es todo lo contrario? Por ejemplo si los intereses de la persona tienden a lo oscuro y a lo encasillado, es probablemente una persona orientada al detalle mientras que si a la persona le gustan los deportes y las películas quizás tenga un expectro más amplio. Una persona detallista se centrará en unaspecto de algo mentras que alguienque tenga un espectro más amplio tendrá una visión más general, un alcance mayor.

Nivel 3

Para llevar al nivel 3 es necesario tener más información sobre la persona. Puedes alcanzar el nivel 3 con tus amigos o tus familiares. Habéis compartido muchas experiencias y los has visto en diversidad de situaciones. Sabes lo que les hace sentir incómodos y hacia donde tienden en su desarrollo. En el nivel 3 un observador recopila información y detalles de las personas que analizan y dan una visión complenta de ellas. Pueden incluso hacer afirmaciones sobre experiencias pasadas que no hayan compartido con sus amigos. Como un ejemplo muy básico, si un observador se da cuenta de que a sus amigos no les gustan los gatos y en situaciones donde hay un gato merodeando se da cuenta de que el amigo siempre evita el contacto. Asume que su amigo tuvo una experiencia negativa con un gato en el pasado.

Un observador de nivel 3 puede llegar a ser mejor amigo, pareja o compañero y por tanto conocer las fortalezas y debilidades y anticiparse a su reacción en a diversos ambientes y situaciones. El observador sabrá como dirigir un conflicto, como relajar, como afrontar y más.

¿Cómo se recopila la información de alguien?

¿Cómo hace un observador exactamente para estudiar a una persona? ¿Cómo se recopila toda esta información pra poder alcanzar el nivel 3? El modo más obvio es escuchar a los otros. La palabras que utiliza y la conversación en sí revelan mucho sobre una persona, sin embargo como pasa con los icebergs la mayor parte de lo que una persona es se esconde debajo de la superficie. Existen tres vías para prestar atención si quieres llegar a lo que es una persona en su vertiente consciente y la incosnciente: el lenguaje corporal, la exresión facila y el modo en que habla.

El siguiente capítulo ahonda en estas tres vías con detalle para darte una idea de su significado y como sacar la información de ellas.

Capítulo 6   Lenguaje corporal para una entrevista de trabajo

Una entrevista de trabajo es el primero y más importante de los pasos hacia la obtención de un empleo. La clave para conseguir que nos contraten en ese trabajo en especial no solo depente de la documentación que has aportado. Tu empleador potencial considerará como eres, tucapacidad para demostrar confianza n tus capacidades y a realizar el trabajo. Consicente o inconscientemente ese empleador estudiará tu lenguaje corporal.

Sé concreto en tus acciones.

Este atento de como se mueve tu cuerpo o como actúa.

Una entrevista de trabajo es lo más esencial para ambos, empleador y solicitante, ya que es la base para tomar la decisión sobre el solicitante de la vacante del trabajo; de este modo, como solicitante, es importante que él o ella estén completamente preparados para la entrevista de trabajo. Debes recordar que el empeador o el entrevistador no solo tendrá en cuenta tu forma de vestir, tus credenciales o incluso su respuestas a sus preguntas, observará tu lenguaje corporal.

Tu lenguaje corporal dice a los otros que tipo de persona eres, tus emociones y tu estado mental. Un empleador buscará una persona de confianza y competente. Aí pues debes saber y aprender la postura que mantener, los movimientos que hacer y los gestos que evitar durante la entrevista.

Si quieres mostrar interés.

Para mostrar signos de interés asegúrate de tener contacto visual complento y mantenerlo. El contacto visual es signo de prestar atención a esa persona. Mover la cabeza con frecuencia o inclnar el cuerpo hacia esa persona incia que estás escuhándola.

Postura y movimientos coporales.

La entrevista normalmente empiera con un apretón de manos firme. Asegúrate de mirar a los ojos al entrevistador y de sonreir. Tu palma de la mano debe tocar la palma del entrevistador. Extiende el brazo un apunta con tu mano hacia abajo, Esto te colocará inmediatamente en una sensación positiva de confianza y compenetración del uno con el otro.

Deja que el etrevistador empiece con el espectáculo. Siéntate cuando y donde te lo pidan. La entrevistac correcta para la entrevista debe ser relajada aunque la espalda debe permanecer recta con la barbilla un poco elevada y kis hombros echados hacia atrás. No te sientes en el borde la silla porque indicará que estás nervioso o tenso. Simplemente relájate en la silla y coloca las manos sobre tus piernas. No se recomienda cruzar las pirtas aunque está bien siempre que la dirección de tu cuerpo sea hacia el entrevistador.

Esta postura muestra confianza que por el momento has de darte cuenta que es una de las cualidades que el empleador quiere ver.

Mantner una buenas postura realmete causa en la gente que te traten de maenra diferente. Te tratarán con más respeto. Movimientos para impresionar.

Cuando respondas utiliza tus manos. Si muestras la palma de la mano cuando explicas algo, indica que estás relajado, eres honesto y se puede confiar en ti. El entrevistador pensarán que sabes de los que estás hablando. Si quieres marcar énfasis en algo lo puedes hacer con un puño cerrado pero no es el gesto más recomendable durante una entrevista.

Puedes mostrar interés y que estás escuchando con atención al entrevistador mediante movimientos de cabeza. Asentir con la cabeza es una forma de reforzar que comprendes y estas de acuerdo con lo que él o ella ha dicho. Incluso si hay ideas a las que te gustaría oponerte, afirmar con la cabeza es preferible a discutir porque discutir es la razón por la cual no conseguirás el trabajo.

Gestos que tienes que evitar.

Se debe evitar bostezar porque indica pereza y aburrimiento. No estires los músculos porque de hacerlo parecerá que estás tenso o incluso nervioso y sin confianza. Puede dar a entender al entrevistador que escondes algo o no tienes interés en el trabajo. NO te metas las manos en los bolsillo porque refleja tu ansiedad y malestar. La falta de confianza se ve muy reflajada cuando das golpecitos con los pies, golpeas con las puntas de los dedors o te mueves con nerviosismo.

Puedes mover las manos cuando hablas pero no abusar de ello. El exceso de movimiento puede distraer.

Algunos movimientos pueden interpretarse como de mala educación por muchas personas o incluso intentas no interactuar con ellos. Algunos de estos gestos son cruzar los brazos sobre el pecho, colocar objetos como libros o bolsas delante de ti, mirar la hora en el reloj o el reloj de pared, tocarte la barbilla, colocarte de pie muy cerca, mirar fijamente o sñalar con la mirada, la sonrisa forzada, colocar las manos en la cintura, tocarte la cara con frecuencia, pestañear más de lo habitual, dar golpes con los pies y muchos otros. Muchas de estos gestos se hacen de manera inconsciente pero aún así las personas con las que hablamos se pueden sentir ofendidas por estas acciones.

Otro gesto que debemos evitar es el movimiento frecuente de los ojos. Evita que tus ojos hagan pensar al entrevistador que no lo escuchas, que te aburres o que no te interesa.

Capítulo 7: Seis errores en el lenguaje corporal

Ya tienes una buena idea de como el cuerpo se expresa, como se lee en los otros y como se utiliza el lenguaje corporal para crear un conexión fuerte con otros. Antes de que uses lo que sabes en la calle, presta atención a los errores más comunes que la gente suele cometer. Acuérdate que tienes que aprender de tus errores en todo momento.

Intenta no preocuparte cuando te des cuenta de que comentes alguno de estos errores, ¡todos lo hacemos! Revisar los errores es uno de los mejores métodos de aprendizajede porqué dejar de hacer algo es generalmente más fácil que recordar añadir un pequeño gesto a tus interacciones cada vez que hablas con alguien.

El chico que gritaba "que viene el lobo".

Una de las puntos más impotantes en el lenguaje corporal es ser consistente entre lo que se expresa con el cuerpo y lo que tenemos en la mente. Se puede mentir hasta un cierto punt antes de que tu cuerpo empiece a traicionarte y ya estés intentando o no convencer a alguien, esta persona empezará a pensar que muestras demasiada confianza cuando realmente no hay garantía de ello.

¿Por qué tienes que ser tan mal educado?

No tiene sentido que aprendas lenguaje corporal si luego vas a ignorar lo que has aprendido. Si escuchas un discurso y te parece aburrido no mires el reloj, no intentes saber la hora en tu reloj de bolsillo, no te sientes tan al canto del asiento que pareca que te vas a caer o empieces a moverte nerviosamente. Es el mejor momento para practicar la observacion del lenguaje corporal.

Si alguien te habla, asegúrate que consigues contacto visual y utilizas el lenguaje corporal para indicar que estás interesado y prestando atención. Si por el contrario quieres mostrar desdén utiliza el mecanismo contrario. Puede ser difícil prestar atención y respeto a alguien utilizando el lenguaje corporal si te pones nervioso, si no te gusta o si estás cansado o simplemente no te interesa lo que está diciendo. En este caso la mejor opción es quedarse de pie e intentar mantener el mayot contacto visual posible hasta que llegue la oportunidad de salir de esa interacción.

Si notas que estás nervioso o socialmente incómodo intenta que tu entorno te apoye. Sentarse al lado de alguien rebaja la intensidad y la contración porque crea más espacion abierto y proximidad otra puede ser por ejemplo tomar notas te da la opción de descansar de mirar a los otros.

Ser ligeramente pedante

¿Has aprendido que aspectos de tu lenguaje corporal te aportan felicidad y respeto? No empieces a utilizarlos como conjuros mágicos en un video juego. El lenguaje corporal se tiene que se utilizar de manera natural o el resto del mundo pensará que intentas esconder algo o que eres irritantemente feliz o bueno. Si intentas vender algo o intimidar a la gente con tu lenguaje corporal no te soprendas si se dan cuenta de lo que estás haciendo. Los gestos con las manos deben utilizarse con mesura y no hay que en riesgo a quienes están a nuestro a alrededor de llevarse un tortazo. Tu postura no siempre ha de ser perfecta como la de un soldado en un desfile.

El principal objetivo del lenguaje corporal debe ser darte los trucos para llevarte a un nivel de emoción particular, no para convencer a los otros de que estás de este modo porque la primera parte de este enunciado funciona siempre mejor que la segunda y puede causar el efecto contrario al que quieres conseguir.

Falta de asertividad

Asertividad puede que no sea la palabra que mejor encaje en este contexto pero te da una idea de como tienes qe comportarte más acertadamente que con la idea vaga de no tener confianza en uno mismo. c Lo que tienes que evitar es pecar de ser sumiso cuando te pregunten o cuando hables con alquien con quien necesitas conectar. Esto significa que tienes que asegurarte de mantener el contacto visual aunque haciendo descansos en los que tienes que dirigir la mirada hacia un lado pero no hacia abajo. Puede significar querer preguntar a los otros cuando piensas que alno no es correcto o dirigir el tema de la conversación.

En términos generales debes evitar gestor infantiles o sin control. Si te das cuenta de que estás agitando mucho las manos, colócalas con cuidad sobre tu regazo o sobre la mesa. No querrás parecer desorientado o fuera de control siento demasiado expresivo con tu lenguaje corporal. Un apretón de manos desganado es quizás el mejor ejemplo de falta de asertividad

Dominación del mundo

Sí, la vida no es justa. De una parte puedes parecer débil y endeble mientras que por otra la gente te encontrará diminador. Esa es la razón por la que interpretar el lenguaje corporal es tan importante como utilizarlo correctamente. Muchos creen que muestras claras de confianza y bravura son la mejor opción en muchas situaciones. Sin embargo la confianza se muestra de muchas formas y en algunas situaciones intentar aparentar o ser muy intenso te hará parecer como que intentas impresionar con mucho esfuerzo a los otros o simplemente falta de autoconsciencia.

Si tratas con alguien que es más reservado, tranquilo, nervioso o quizás muy confiado en sí mismo has de adaptarte a esta situación. Estas personas por norma general quieren de ti un espacio y un lenguaje corporal menos energético. Significa que no tienes que acercarta mucho, no presionar los para que hablen y no ser tan abiertos con el lenguaje corporal como para llegar hasta el punto de llevarlos al límite.

Interpretarlo puede ser difícil al principio y necesitaás aprender a ajustar tus niveles de energía con otras personas. Verte en el otro y acertar e interpretar a los otros desde lo más fundamental te ayudará mucho en este sentido.

Conocer tu lugar en la jeraquía social es también importante. Si intentas ser demasiado asertivo con alguien que es tu superior o simplemente mayor seguramente se interpretará como irrespetusoso o arrogante. No es siempre tan obvio como parece a primera vista. Puede que tu rango sea técnicamente mayor que el de la secretaria de la oficina pero si llevan mucho tiempo en el negocio, querrás mostrarle respeto porque en algunos ámbitos tiene más control que tú aunque jerárquicamente sea inferior.

Frialdad

Partiendo desde le último error, cuando se es insensible a los sentimientos y a las normas del lugar en el que estás es a menudo un gran error utilizar le lengaje corporal. En la mayoría de los casos si tu lenguaje corporal resulta insensible es porque no has estado sensible con tus pensamientos y la comunicación. Si alguna vez te ves obligado a cruzar los brazos sobre el pecho porsque hace frío o así te sientes más cómodo, presta atención a lo que estás haciedno porque entonces cobra más importancia. Existe una curva de aprendizaje en ciertas situaciones que puede ser una escala. Si nunca has tenido que cuidar a una persona herida anteriormente, es difícil estar seguro de que estás usando el lengiaje corporal más adecuado.

Quienes no han estado rodeados de niños verán que el lenguaje corporal que hay que usar con ellos puede ser desconcertante a veces porque no tiene mucho que ver con lo que suelen utilizar normalmente ya que los niños no están generalmente acostumbrados a las normas sociales. Asegurate de estar alerta, atento y sensible con la situación en la que te vas a encontrar, lo que la otra persona espera de ti y si lo que realmente expresa tu cuerpo cumple sus expectativas o no.

Capítulo 8: Mitos del lenguaje corporal

Tienes buena idea de como actúan las distintas partes del cuerpo y como indican las diferentes cosas; sin embargo, hay muchos mitos sobre como funciona el lenguaje corporal que sugieren que unas cosas u otras dan o no una falsa impresión en este idioma. Esta sección cubre y desvela unos pocos de los mitos más generalizados.

No están mirando - TIENEN QUE ESTAR MINTIENDO

Es bastante común haber escuchado y leído que las personas que no mantienen contacto visual tienen algo que esconder y hacen sentir incómodos al resto. Es fácil de desmentir. ¿Puedes pensar en todas la veces en las que alguien no ha mantenido contacto visual? ¿Te parecieron malintencionados, malvados o con intención de engañarte? La mayoría de las veces parecen nerviosos o tímidos. El contacto visual es importate porque demuestra que prestas atención y demuestras confianza y fortaleza. No significa que el contacto visual tenga cualquier valor inherentemente moral.

Es fácil coger al mentiroso...

La verdad es que la gente es realmente buena mintiendo con lo que dicen con palabras y lo que expresan con su cuerpo: el mejor método para averiguar si alguien te miente es utilizar el razonamiento básico. Si piensas en las mentiras que diceslo sabrás como a lo que me refiero. A menudo mientes sobre cosas sobre las que no estàs seguro o sobre otras de as que estás casi completamente convencido. Tu cuerpo no miente a menos que no esté mintiedo desde el primer momento.

Por otra parte si conoces bien a alguien y has identificado sus "historias", que son actos de comportamiento que lleva a cabo cuando miente, puedes utilizarlas como gancho para pescarlo cuando está mintiendo. Todo el mundo tiene unos hábitos y muchos tienen historias o puntos de anclaje que fijan cuando mienten. Estos detalles pueden ser tan simples como tocarse la nariz, dar golpecitos con los dedos en la mesa o tocarse la barbilla.

Lenguaje corporal fuerte y dominante = PODER

Es tentador pensar así pero la realidad es que frecuentemente se trabaja para gente que no proyecta su influencia con posición de macho alfa pero sí un control sutil de la sala por su autoconfianza y seguridad en sí mismo. Estas personas son incapaces de tener gestos débiles o posturas cerradas pero pueden no utilizar lenguaje corporal o gestos de control pero a menudo muchos los respetan. Si intentas mantener el el control en una situación en la que no se debe mantener, puede que te descubras creandote enemigos o haciendo sentir a los otros que estás pasándote de la raya. Un lenguaje corporal muy fuerte es de ayuda pero no te asegura el control y la gente se dará cuenta de lo que intentas hacer.

El 93% de la comunicación es no verbal.

El 7% de la comunicación es lo que se dice: esta estadística a la que se hace mención es de un estudio de hace 60 años basado en unos cuantos casos muy concretos. En estudios más actuales los investigadores no han encontrado ningún sitio donde se base que el lenguaje corporal tiene tanta importancia, y, realmente los otros no están tan preparados como para comprender el lenguaje corporal por si mismo de los otros.

Hace mucho se dijo qe deberías considerar el modo en el que te comunicas con otras personas que no hablan tu idioma y como lo harías para hablar con ellas,imagina que lo haces sin propósito alguno o sin contexto y sólo utilizando tu cuerpo. Si la comunicación estuviera compuesta de este 93% por el lenguaje corporal, las adivinanzas no serían un juego.

Lo que demuestran estas estadísticas es el alcance que tienen los distintos modos de comunicar. Las palabras son solo parte de una gran variedad de herramientas y y todas las estadísticas y los distintos porcentajes sobre su importancia no son tan importantes como pensar en como te comunicas y lo que es significante.

Puedes leer la mente de la gente...

El lenguaje corporal te da mucha información y es importante el modo en que mejora la empatíay te ayuda a expresarte por completo. Sin embargo la realidad es que solo puedes utilizarlo para ayudarte a hacer conjeturas y generalizaciones.

Si alguien muestra un lenguaje corporal cerrado y tiene el ceño fruncido te dice que no se siente positivo pero no se puede contar mucho más. Puede que simplemetn esté estreñido. Los trucos mentales de los Jedi están lejos del lenguaje corporal auqneu si tienes un nivel altamente bueno, te sorprenderás de las veces que no lo tienes, encontrarás que no te equivocas cuando lo interpretes en frío y analices como fueron las interacciones sociales.

Conclusión

Gracias por elegir este libro y empezar por el principio para mejorar tus capacidades de comunicación mejorando tu comprensión del leguaje corporal. Espero que puedas utilizar eficientemente lo que hemos compartido para que seas más feliz, tengas más confianza y tu vida sea más plena.

El siguiente paso es poner en práctica en la calle lo que has aprendido. Experimente con tu familia y tus amigos y vete reflejado en ellos cuando veas como reaccionan a lo que haces cuando muestras ciertos gestos o movimientos. El mejor modo para utilizar un lenguaje corporal más amigable y efectivo es practicarlo cuando no sea relevante el resultado, cuando compras en la tienda cada semana o ayudas a alguien con una dirección en la calle. Cuando hagas a quienes te rodean más felices y consigas que estén mas a gusto, se convertirá en un un comportamiento automático para ti.

Lo más importante es que utilices el

lenguaje corporal con responsabilidad y no olvodes que el resto del mundo mira lo que haces y escucha lo que dices con tu cuerpo. No es una buena estrategia para caer bien o mantener una larga amistad el tratar intimidar o sacar ventaja de los otros con el lenguaje corporal. Aprovechr bien el lenguaje corporal no reemplaza las fortalezas personas, un buen conocimiento de base y el trabajo duro. El lenguaje corporal, por el contrario, mejora estas fortalezas si se lleva a cabo correctamente y te da la confianza y la fortaleza necesaria para sacar a reucir la mejor versión posible de ti y te permite dejar de esconderte de malos hábitos que hayas adquirido en el futuruo.

Parte 2

57

Introducción

Uno de los secretos para una relación exitosa y armoniosa, ya sea personal o profesional, es la comunicación. La comunicación implica enviar y recibir mensajes que nos permiten compartir pensamientos, ideas, conocimientos, opiniones y sentimientos. Sin embargo, la comunicación no se limita simplemente a las palabras que hablamos. La comunicación tiene dos dimensiones: verbal y no verbal. La mayoría de nosotros tenemos la parte verbal de la comunicación dominada por completo. Por otro lado, la comunicación no verbal no es tan fácil de interpretar.

Cuando interactuamos y nos comunicamos con alguien, también entran en juego factores como las expresiones faciales, los gestos, el contacto visual, los movimientos corporales, la postura y el tono de voz. La forma en que nos paramos o hundimos nuestros hombros, la forma en que nos movemos nerviosamente mientras hablamos, cuán suave o ruidosamente hablamos, cuánto contacto visual hacemos—todos estos también envían mensajes contundentes, aparte de las palabras que hablamos.

A menudo en la vida, son las cosas no habladas las que importan y pintan un panorama más amplio. Tener la capacidad de usar y comprender la comunicación no verbal puede ayudarlo a convertirse en un mejor comunicador, establecer conexiones más profundas y establecer mejores relaciones.

Comunicación sin palabras

La comunicación no verbal es un lenguaje natural, a menudo inconsciente, que muestra los verdaderos sentimientos e intenciones de una persona en un momento dado. Es un tipo de comunicación sin palabras compuesto de mensajes implícitos. Las señales no verbales se envían desde el "cerebro emocional", y no desde el neocórtex, por lo que crean mensajes más honestos y reveladores.

La comunicación no verbal incluye (pero no se limita a) lo siguiente:

- Postura corporal
- Expresiones faciales
- Contacto visual
- Movimientos y gestos corporales
- Tacto y contacto corporal
- Entonación, volumen y matices vocales
- Proximidad y espacio personal
- Sonidos
- Barreras físicas

- Apariencia general y vestimenta.

En conjunto, estas señales sin palabras pueden proporcionar pistas, además de información adicional y un significado que va más allá de lo que uno obtiene de la comunicación verbal o las palabras habladas.

Tipos esenciales de señales de comunicación no verbal:

1. Expresiones faciales

El rostro humano es extremadamente expresivo y capaz de producir muchas emociones sin la
Necesidad de decir palabras. Las expresiones faciales son más o menos universales. Las expresiones faciales de felicidad, tristeza, ira, miedo, sorpresa, odio y disgusto son similares en muchas culturas.

2. Lenguaje corporal o movimientos corporales (kinésica)

Los movimientos corporales, también conocidos como kinésica o lenguaje corporal, pueden usarse para enfatizar o reforzar lo que estás diciendo. También ofrecen información sobre las emociones y actitudes de una persona en un momento dado. Los movimientos corporales incluyen movimientos de la mano y la cabeza, movimientos de todo el cuerpo, postura corporal y gestos. Muchas veces nos expresamos con movimientos y gestos corporales sin pensar.

Los movimientos corporales pueden ser naturales o intencionales y, a veces, pueden contradecir lo que alguien está diciendo verbalmente. Tener conocimiento y habilidad para interpretar las señales del lenguaje corporal puede ser útil para determinar cómo se siente realmente una persona y si hay discrepancias entre sus palabras y acciones. Sin embargo, es importante tener en cuenta que el lenguaje corporal, especialmente los gestos, dependen del contexto cultural. Siempre es útil tener esto en cuenta para evitar malas interpretaciones y malentendidos.

Las 5 categorías de movimiento corporal:

Emblemas – Los emblemas son gestos que cumplen la misma función que las palabras. Ejemplos de estos son gestos con las manos que representan palabras como "Ven aquí", "OK" o el movimiento de la mano utilizado para viajar a dedo.

Ilustradores – Son gestos que acompañan a las palabras para representar un mensaje verbal. Los ejemplos de estos incluyen asentir con la cabeza en una dirección específica y decir "allá", o hacer un movimiento circular de la mano al decir "alrededor y alrededor".

Demostraciones de afecto – Se refieren a gestos o expresiones faciales que muestran las emociones que uno siente. A menudo ocurren de forma natural y no intencional, lo que puede ayudar a dar a una persona pistas importantes sobre cómo se siente realmente la otra persona con la que están interactuando. Es importante tener en cuenta que las demostraciones de afecto pueden ser drásticamente diferentes de lo que la otra persona está diciendo.

Reguladores – Los reguladores son gestos a los que uno recurre para brindar retroalimentación y reacción al conversar. Algunos ejemplos son movimientos de cabeza o sacudidas, sonidos como "uh-huh" o "tsk", y otras expresiones de aburrimiento o interés. Se llama regulador porque sin retroalimentación, a la mayoría de las personas les resultará difícil mantener la conversación y continuar la interacción.

Adaptadores – Se refieren a acciones no verbales subconscientes que representan una necesidad psicológica o satisfacen una necesidad física. Los ejemplos incluyen morderse las uñas de las manos cuando está nervioso o estresado, o cruzar los brazos para evitar sentirse vulnerable y abierto. Estas acciones suelen acompañar emociones como la ansiedad o la incomodidad.

3. Postura corporal

La postura puede ser una indicación de los verdaderos sentimientos, actitudes e intenciones de una persona. La forma en que te comportas puede informar a otra persona de tu nivel de confianza y comodidad, y de si te sientes bien o no.

2 Tipos de señales posturales

Postura abierta y cerrada – La identificación de una postura abierta o cerrada es útil porque indica el nivel de confianza, el estado, la familiaridad, la receptividad y la confianza de una persona con otra persona.

Una posición cerrada incluye sentarse con los brazos cruzados, las piernas o los tobillos cruzados, o colocados en un ángulo pequeño, lejos de la otra persona con la que están interactuando. Generalmente, una posición cerrada implica una recepción negativa más que positiva. Puede insinuar la incomodidad, el desinterés, el desapego de una persona o el deseo de que la dejen sola.

Por otro lado, una posición abierta implica lo contrario—la de un interés genuino o la disposición a ser abierta y emocionalmente accesible para la otra persona. Encontrarás a una persona en una postura abierta cuando te miren directamente o se inclinen hacia ti con las manos separadas.

Reflejar – Reflejar el lenguaje corporal de uno es una manera de establecer lazos y generar confianza y comprensión con otro. Las formas más obvias son devolver la sonrisa de otra persona o bostezar después de ver a alguien bostezar. Esto ocurre a menudo dentro de relaciones cercanas, particularmente con parejas que se sienten atraídas o se relacionan bien entre ellas.

Para entender mejor esto, observe la forma en que una pareja amorosa interactúa entre sí. La mayoría de las veces, sus posturas y gestos coincidirán entre sí, de ahí la palabra reflejo—están imitando inconscientemente lo que el otro está haciendo, como imágenes de espejo entre sí. Por ejemplo, cuando un compañero parece estar relajado y tranquilo, el otro también estaría en una posición relajada. En esencia, reflejar es también una forma de decir sin palabras:

"También me gustas" o "Me siento igual".

4. Contacto visual

El contacto visual es uno de los aspectos más importantes del comportamiento no verbal, en parte porque la mayoría de las personas confían en el sentido visual. Lo que sucede con los ojos de alguien ocurre naturalmente y es bastante difícil, si no imposible, de controlar o manipular. Esto trae a la mente el proverbio, "Los ojos son los espejos del alma". Mirar los ojos de otra persona y ver las emociones o reacciones en ellos más a menudo nos da una idea o incluso una mejor comprensión de lo que realmente está sintiendo la otra persona. Además, la forma en que miras a alguien puede comunicar cosas significativas como atracción, interés, afecto, preocupación, disgusto, enojo, incluso amor.

3 Principales objetivos del contacto visual:

Dar y recibir retroalimentación – Mantener el contacto visual es una forma obvia de evaluar la respuesta de otra persona. Mirar a alguien mientras habla con esa persona indica que estás centrado en lo que estás diciendo. Del mismo modo, mirar directamente a la persona que está hablando, es una clara indicación de que está presente en el momento e interesado en lo que tiene que decir. Por otro lado, evitar el contacto visual o evitar los ojos puede indicar desinterés, una inclinación por la deshonestidad o estar distraído.

Regular el flujo de la conversación – Es más probable que mantengas contacto visual constante cuando escuchas a otra persona que cuando estás hablando. Y cuando esa persona haya terminado de hablar, te observarán para indicar que es tu turno de hablar, reaccionar o dar tu respuesta. Si una persona no quiere ser interrumpida, puede continuar hablando sin mantener mucho contacto visual.

Establecer o reforzar la relación entre las personas – Mantener un contacto visual constante también es un indicio de interés o atracción genuina por la otra persona con la que estás interactuando. Las personas en relaciones cercanas encuentran que es más fácil mantener el contacto visual entre ellos más que las personas que se disgustan entre sí o que no se interesan entre sí. Además, cuando no te gusta alguien o tienes una relación difícil con ellos, es natural evitar el contacto visual.

5. Cercanía y espacio personal (proxemias).

Todos tienen lo que se denomina "espacio personal"—la distancia a su alrededor donde lo considera aceptable o inaceptable para permitir que otras personas ocupen. Dependiendo de la cultura y la situación involucrada, hay diferentes niveles de cercanía física que se consideran apropiados para tipos específicos de relaciones. Puede hacer uso del espacio físico para transmitir su punto a la otra persona.

Las personas aprenden qué es aceptable y qué no, dentro de la cultura y la sociedad en la que crecieron. Es importante entonces recordar que lo que se considera apropiado para una persona puede ser incómodo o inapropiado para otra. La sociedad occidental en particular, define cuatro niveles de distancias según la relación de las personas que interactúan.

4 Niveles principales de proxemias:

Distancia íntima – La distancia íntima varía desde un punto cercano de contacto o contacto hasta una distancia de 15 a 45 centímetros. En la mayoría de las culturas y no solo en la cultura occidental, esta distancia íntima es inapropiada en público y está reservada para personas en una relación cercana como parejas y miembros de la familia inmediata. El ingreso o la "invasión" del espacio íntimo de una persona con quien no se tiene una relación cercana y socialmente aceptable se evita y se considera incómodo e inadecuado en muchas culturas.

Distancia personal – Esta es generalmente la distancia más adecuada para las personas que participan en una conversación cercana. Desde esta distancia, uno puede ver claramente las expresiones faciales, los gestos, el contacto visual y los movimientos generales del cuerpo de la otra persona. Es una distancia segura para participar en un apretón de manos con otra persona.

Distancia social – Esta es la distancia aceptable para el trabajo, los negocios y otros tipos de interacciones impersonales. Es más probable que los asientos se organicen con una distancia considerable entre sí, y la conversación puede ocurrir en una mesa, lo que lo hace un poco más formal. Dentro de esta distancia, la voz de uno debe ser un poco más alta de lo normal para que las personas con las que está conversando puedan escucharlo perfectamente. Además, el contacto visual es importante para impartir retroalimentación, interés, además de la voluntad de escuchar e interactuar. No mantener el contacto visual puede ser señal de desinterés, desapego y aburrimiento.

Distancia pública – La distancia pública es utilizada por oradores públicos y maestros cuando se dirige a grupos. Dado que el orador o la persona de interés está lejos del grupo al que se dirigen, deben elevar la voz y realizar movimientos corporales más exagerados para ser vistos y escuchados. La mayoría de las personas no podrían observar las expresiones faciales sutiles del hablante, por lo que, en lugar de esto, deben hacerse gestos más grandes con las manos y movimientos de la cabeza.

6. Tacto

Es posible que no lo sepamos la mitad del tiempo, pero sí comunicamos mucho a otra persona a través del tacto. Un abrazo cálido y una caricia suave de un padre o un amigo de confianza nos reconforta automáticamente y nos hace sentir bien y amados. Una bofetada tranquilizadora por parte del jefe o una palmada en la cabeza de un maestro nos permite saber que nuestro trabajo y nuestros esfuerzos son notados y apreciados. Los toques agresivos como un fuerte agarre en el brazo o un agarre posesivo en la muñeca pueden indicar emociones intensas y hostiles. En casos como estos, el tacto puede ser usado no solo para transmitir efectivamente emociones fuertes ya sean positivas o negativas, sino también para curar y aliviar si uno lo desea.

7. Paralenguaje

Lo importante no es solo lo que dices, sino también cómo lo dices. Aquí es donde interviene el paralenguaje. Paralenguaje se refiere a elementos vocales. Estos incluyen calificadores vocales como el volumen, voz aguda, tono, tempo, inflexiones y el ritmo de la voz. La interpretación de estos elementos varía según las culturas.

Por ejemplo, la sonoridad indica fuerza, mientras que la suavidad indica debilidad en la cultura árabe; para la mayoría de los europeos, una voz grande y fuerte indica confianza y autoridad, y a menudo se asocia con la masculinidad; en la mayoría de las naciones asiáticas, hablar en voz baja y con suavidad generalmente se prefiere más especialmente para las mujeres.

La mayoría de las veces, la interpretación conlleva la posibilidad de tener un sesgo de género, lo cual es inevitable ya que uno basa la interpretación en el contexto cultural. El paralenguaje también tiene en cuenta los sonidos como reír, llorar, lloriquear, gemir, y los segregados vocales como "uh-huh", "shh", "mmm", "uh-oh", "oh", "ahh", o "hmm ", Que pueden indicar muchas cosas como interés, acuerdo, angustia, etc.

¿Por qué la comunicación no verbal importa?

Todos estamos familiarizados con el dicho: "Las acciones hablan más que las palabras". Por cliché que parezca, es cierto que la forma en que te ves, hablas, te mueves, escuchas o reaccionas le permite a la otra persona saber si dices la verdad o no, si te importa o no, o qué tan bien estás escuchando. Esta es la esencia de la comunicación no verbal. Cuando tus señales no verbales coinciden o refuerzan lo que dices verbalmente, crea o fortalece la confianza, la claridad, la comprensión y la comunicación.

Sin embargo, cuando sus acciones, gestos y lenguaje corporal no coinciden con sus palabras, ahí es donde surgen los problemas. Puede crear un ambiente de desconfianza, confusión, tensión y malentendido. En efecto, la forma en que otros lo perciben a usted basándose en sus señales no verbales influye significativamente en su éxito en el lugar de trabajo y las interacciones sociales.

De manera similar, al entender las señales no verbales que otras personas nos envían, nos iluminan para comprender mejor los mensajes y la situación, lo que nos permite reaccionar y acercarnos a ellos de manera más apropiada. Si más personas son capaces de percibir y comprender mejor cómo se sienten los demás con respecto a ellos y el significado real de lo que intentan transmitir, pueden ajustar su comportamiento y sus reacciones en consecuencia.

La comunicación no verbal nos permite hacer lo siguiente:

- Transmitir información sobre el verdadero estado emocional y mental actual.
- Mejorar, modificar, acentuar o reforzar lo que se dice con palabras.
- Definir o reforzar relaciones y conexiones entre personas.
- Proporcionar retroalimentación de una persona a otra.
- Regular el flujo de comunicación.

Los 5 roles de la comunicación no verbal:

Repetición – La comunicación no verbal le permite a una persona repetir el mensaje que está transmitiendo verbalmente

Ejemplo: Cuando le pides a una persona que se acerque a tu lado mientras haces un gesto con la mano, mueves tu mano hacia ti o cuando apuntas en una dirección específica mientras indicas las direcciones.

Contradicción – La comunicación no verbal puede contradecir el mensaje verbal que una persona está tratando de transmitir.

Ejemplo: Cuando le preguntas a alguien si están enojados contigo y dicen "No", pero lo dicen con un tono de voz áspero y con una postura corporal tensa, pueden hacerte creer que esa persona está de hecho, incluso enojada contigo. cuando te digan lo contrario.

Sustitución – La comunicación no verbal también puede sustituir un mensaje verbal

Ejemplo 1: Poner tu dedo índice contra tus labios indica pedirle a la otra persona que se quede callada o que no te diga algo.
Ejemplo 2: Asentir a una persona también es lo mismo que decir "sí", aceptar o indicar un acuerdo.

Complementar – La comunicación no verbal puede complementar, mejorar o agregar a un mensaje verbal

Ejemplo: Una palmada en la espalda que te da tu jefe después de un proyecto exitoso puede aumentar el impacto de las palabras de tu jefe como "Buen trabajo" o "Bien hecho". Enfatiza aún más el mensaje de que tu jefe está satisfecho con tu trabajo y desempeño.

Acentuar − La comunicación no verbal puede acentuar o subrayar un mensaje verbal

Ejemplo: La forma en que una persona golpea sus puños sobre la mesa mientras tiene una discusión o discusión acalorada con otra persona transmite enojo, disgusto o emociones intensas.

Si hay algo importante que debe recordar acerca de la comunicación no verbal, es que se basa en el contexto cultural. Obtener una interpretación más precisa de las señales no verbales implicaría interpretarla según el contexto cultural y la situación en la que se utiliza.

Cómo leer el lenguaje corporal

La comunicación no verbal es una parte extremadamente compleja pero esencial de las habilidades de comunicación personal en nuestras interacciones sociales diarias. Una conciencia y comprensión básicas de las señales de comunicación no verbales, aparte de las palabras reales que se dicen, nos pueden ayudar a ser mejores comunicadores, mejorar nuestras interacciones con otras personas y fomentar una comprensión más profunda.

Leer el lenguaje corporal no es una ciencia exacta. Uno no puede simplemente llegar a una solución concreta basada en una sola señal no verbal. Lo que también dificulta la lectura del lenguaje corporal y las señales no verbales es la necesidad de interpretarlo en función del contexto cultural. Leer una señal no verbal no es suficiente—se debe tener en cuenta un paquete combinado de expresiones, movimientos y gestos, junto con las palabras habladas. Lo más que podemos hacer para interpretar el lenguaje corporal y las señales no verbales es evaluar las emociones y el nivel de comodidad o confianza de una persona.

Las siguientes son señales básicas del lenguaje corporal que podemos observar para tener una idea de lo que la persona con la que interactuamos está sintiendo actualmente.

Señales básicas del lenguaje corporal:

-Cabeza y cara

La primera lección que debes aprender al tratar de leer caras es que no son honestos la mayor parte del tiempo. Una explicación es que desde una edad temprana, nos enseñaron qué expresiones faciales, acciones y comportamientos son apropiados para ciertas ocasiones y situaciones sociales. Desde ese momento en adelante, hemos aprendido de la experiencia qué expresiones faciales extraen los tipos de reacción que deseamos o esperamos de otras personas. Debido a esto, las expresiones faciales pueden manipularse y hacerse con intención más que cualquier otro tipo de señal no verbal.

Un ejemplo más obvio es la "sonrisa falsa". Según Paul Ekman, un psicólogo estadounidense y reconocido experto en análisis de expresiones faciales, la sonrisa falsa es el tipo de sonrisa que hacemos porque se supone que debemos hacerlo, cuando se espera que lo hagamos, e incluso cuando no nos sentimos a gusto. Se trata de sonreír con solo la boca. Por otra parte, una sonrisa genuina involucra más músculos faciales que se juntan—las esquinas de nuestras bocas se levantan, así como las arrugas al lado de nuestros ojos, nuestras cejas, párpados y algunas veces incluye una ligera inclinación hacia arriba de la cabeza.

Un labio fruncido o apretado también es una forma de saber cuándo una persona está disgustada o incómoda con algo.
Dado que se establece que las expresiones faciales no siempre son las señales no verbales más honestas, es importante prestar atención a otros tipos de lenguaje corporal.

<u>-Brazos y manos</u>

Nuestros brazos y manos participan fuertemente en la autoexpresión. Estos son los tipos de gestos que se nos han enseñado o que hemos aprendido durante nuestros primeros años, ya que generalmente se considera grosero apuntar a otras personas o hacer que el signo de "dedo sucio" se dirija a alguien. Pero lo más importante a tener en cuenta es cuánto espacio ocupan los brazos y qué tan alto alcanzan.

En general, los gestos que desafían la gravedad de cualquier parte del cuerpo se asocian con sentimientos positivos. Cuando estamos contentos, emocionados o interesados, levantamos la barbilla y la cabeza, extendemos y abrimos los brazos y las piernas, e incluso los puntos de los pies, ya sea que estemos sentados o de pie.

Otro ejemplo es cuando una persona mueve sus brazos ligeramente mientras camina, una indicación de que esa persona se siente bien, feliz, ligera o confiada.

Por el contrario, si le dices a un compañero de trabajo o empleado que acaba de cometer un error drástico y costoso con su trabajo, una reacción general sería caer de hombros y hundir los brazos. Es porque las emociones y las palabras negativas tienden a deprimirnos, no solo emocionalmente, sino también físicamente, por lo tanto, el sentimiento de hundimiento y caída.

Estas respuestas límbicas son honestas, naturales y ocurren en tiempo real. Comunican las emociones con precisión en el momento preciso en que una persona se ve afectada y no puede ser forzada. Además, este tipo de respuestas que desafían la gravedad pueden ser contagiosas, especialmente en entornos públicos y reuniones masivas como conciertos de rock, estadios de fútbol, partidos de tenis o fiestas rave.

-Torso

El torso humano se considera universalmente esencial para nuestra supervivencia, y lo más importante es que alberga nuestros órganos principales que deben funcionar de manera eficiente para que podamos vivir. Naturalmente, nuestros instintos están conectados para proteger esta parte del cuerpo de cualquier daño. También es importante tener en cuenta que cuando nos sentimos cómodos, también permitimos el acceso a nuestro torso. Los gestos con el torso que reflejan la necesidad del cerebro de distanciarse y evitar a las personas son buenos indicadores de sentimientos reales.

Por ejemplo, cuando nos atrae otra persona, nuestro instinto es exponer nuestro lado ventral (parte frontal), lo que incluye nuestros ojos, boca, pecho, senos y genitales. Por otro lado, cuando no nos gusta alguien, alejamos nuestro lado ventral de ellos.

Del mismo modo, cuando las cosas van bien para nosotros, exponemos nuestros lados ventrales hacia las personas y las cosas que favorecemos, y cuando las cosas van mal o dan un giro para lo peor, nos involucramos en lo que se llama "negación ventral", que significa moverse o alejarse de las personas y de las cosas que vemos como la causa del desfavor o la negatividad. Nuestro lado ventral es sensible y está muy en sintonía con las cosas que nos gustan y que no nos gustan. También es la parte más vulnerable del cuerpo humano, y el cerebro envía instintivamente señales para protegerlo de las personas y las cosas que percibimos que nos causan peligro y daño. Una razón por la que hacemos esto es porque cuando nos sentimos cómodos con alguien o en una situación, nuestro sistema límbico automáticamente reduce sus defensas. Y cuando estamos cerca de una persona que no nos gusta o no confiamos, o nos encontramos en una situación estresante y negativa, tendemos a negar el acceso a nuestro torso y a protegerlo de los daños percibidos.

En una situación de relación, la negación ventral frecuente de uno o ambos compañeros es una señal de que la relación está en problemas. En las etapas tempranas o más felices de una relación, las parejas frecuentemente inclinan su torso más hacia su pareja. Puedes observar esto cuando las parejas felices entran a una habitación o se sientan y se paran una al lado de la otra.

-Piernas

Si se les pregunta qué parte del cuerpo es la más honesta, la mayoría de las personas probablemente diría los ojos o incluso la cara. En realidad, Navarro dice que son las piernas y los pies de una persona donde reside la verdad. La ciencia nos dice que los millones de años de evolución humana nos han enseñado a mantener nuestras piernas preparadas instintivamente para escapar, especialmente en situaciones y entornos que ponen en peligro nuestra supervivencia. Aunque durante la mayor parte de nuestras vidas estamos entrenados para sonreír y posar ante la cámara, controlar la forma en que nos presentamos ante el público y "simularlo", esto es algo que nos resulta natural a los humanos.

Lo más importante a tener en cuenta es la dirección a la que apuntan los pies y las piernas. Este instinto es similar a la forma en que señalamos el lado ventral hacia la dirección de las personas y las cosas que nos gustan. El mismo principio se aplica aquí. Nuestros pies y piernas apuntan a la dirección de las personas y las cosas que nos interesan o hacia dónde nos gustaría ir.

Por ejemplo, normalmente, cuando dos personas hablan entre sí, se ponen de pie con sus dedos de los pies frente a frente. Si usted o la otra persona giran sus pies o apartan ligeramente las piernas del otro, esto puede significar que esa persona no está interesada, le disgusta, desea irse o desea estar en otro lugar. Es posible que el torso de esa persona aún permanezca frente a usted, principalmente por mantener el respeto y mantener las apariencias, pero los pies pueden reflejar el deseo del cerebro de escapar o retirarse de la situación.

Por otro lado, las piernas sin cruzar o distendidas indican que la persona está abierta y contenta con quedarse donde está. Cuando nos sentimos cómodos con otra persona o en una situación determinada, nuestro sistema límbico reduce sus defensas. Las piernas cruzadas pueden hacer parecer que será difícil para esa persona escapar del peligro percibido, pero es más una postura defensiva y significa que la persona está en guardia.

Cómo interpretar señales no verbales

La comunicación no verbal es un intercambio rápido de ida y vuelta que requiere su atención total. Si deseas comprender lo que realmente siente la otra persona o el significado verdadero detrás de lo que intenta comunicar, debes ser observador, estar presente en el momento y ser consciente de las señales no verbales más sutiles que te están enviando.

3 consejos esenciales para entender mejor la comunicación no verbal:

1. Mira las señales no verbales como un grupo.

No te limites simplemente a concentrarte en una sola señal no verbal como una cabeza inclinada, labios fruncidos, pies cambiantes o voz fuerte. Considera todas las señales no verbales que estás recibiendo de la otra persona y míralas como un todo. Cuando se toman juntas, ¿son estas señales coherentes o no con lo que la otra persona está diciendo verbalmente?

2. Presta atención a las inconsistencias

El propósito principal de la comunicación no verbal es reforzar lo que ya se está diciendo verbalmente. A pesar de tener estas señales de lenguaje corporal básicas e individuales a tener en cuenta, también es de gran importancia establecer una línea de base. ¿Qué es una línea de base?

Cada persona tiene su propio conjunto de hábitos, peculiaridades y comportamiento normal. Un solo cambio en el comportamiento no significa instantáneamente que haya un cambio significativo en su estado de ánimo. Cuanto mejor conozcas a una persona y cómo se comporta normalmente en diferentes situaciones, especialmente en situaciones sociales, más podrás entender la razón de la conducta "anormal". Fíjate cuando ese comportamiento se sale de lo común.

Además, utiliza las señales disponibles que haz visto hacer a la otra persona. A veces, las pistas más obvias nos miran directamente a la cara. Si hacen un puchero inmediatamente después de que hayas dicho algo, es muy probable que sea por lo que dijiste.

3. Confía siempre en tus instintos

Los instintos, también conocidos como "sentimientos viscerales", existen por una razón, ya sea que creas en ellos o no, así que no los deseches simplemente. En muchos casos, tus instintos te darán una idea de cuándo alguien te está mintiendo o no, o cuando algo no encaja. Confía en estos—en tus propios instintos, porque pueden estar captando intuitivamente las discrepancias o desajustes entre las señales verbales y no verbales.

Beneficios de mejorar las señales no verbales

Tener la capacidad de interpretar y comprender señales no verbales te permite:

- Comprender mejor a otras personas, incluido el significado más profundo de sus mensajes tácitos y sus verdaderos sentimientos

- Establezca y fortalezca la confianza en las relaciones al ser consciente de las señales no verbales que envía y de no engañar a los demás

- Responda de maneras y acciones que claramente muestren a los otros que te preocupas y comprendes

- Determina si una relación en particular satisface tus necesidades emocionales, qué falta en la relación o qué es lo positivo y lo negativo de ella, y si sabes cómo manejarla mejor.

Técnicas básicas para mejorar tu lenguaje corporal:

No hay un consejo definitivo específico sobre cómo se debe usar el lenguaje corporal porque la interpretación depende del entorno, la situación y el contexto cultural. La forma en la que utilizas el lenguaje corporal cuando hablas con tu madre en comparación con cuando hablas con tu jefe o con una persona que te atrae intensamente difieren unos de otros. Hay formas simples que pueden ayudarte a comunicarte efectivamente con tu cuerpo.

1. Sé consciente de tu propio cuerpo. Obsérvate a ti mismo—la forma en que te sientas, te levantas y caminas, cómo usas tus brazos, piernas y manos, y lo que hace tu cuerpo al hablar con alguien que conoces, por ejemplo. Es posible que ya seas consciente de algunos de tus modales y de tus particularidades corporales, como morderte las uñas cuando estás nervioso, pellizcarte la nariz cuando estás molesto o girar tu cabello cuando estás con alguien

que te gusta, pero podrías sorprenderte al descubrir nuevos. Muchas de estas peculiaridades, gestos y reacciones instintivas no podemos controlarlas, pero cuando somos conscientes de ellas, entendemos por qué las hacemos.

2. Mantén el contacto visual constante, pero no por mucho tiempo. El contacto visual es como un requisito cuando se habla con alguien, pero la intensidad y la frecuencia del contacto visual también dependen en gran medida de tu relación con la persona con la que estás hablando, la configuración o el contexto y la naturaleza de tu conversación.

Para algunas personas, el contacto visual prolongado y las miradas fijas los hacen sentir incómodos o incluso asustarlos. Por otro lado, si no mantienes contacto visual, lo más probable es que te encuentres como inseguro, tímido, escondiendo algo o incluso mintiendo.

¿Qué es lo mejor que se puede hacer

entonces? Si estás hablando con varias personas, tómate un tiempo para establecer contacto visual con todos ellos para establecer conexiones y evaluar si realmente te escuchan y están interesados. Si hablas con una persona, encuentra el equilibrio entre mantener el contacto visual en los puntos más cruciales de la conversación y apartar la vista de vez en cuando. De esa manera, la otra persona sabrá que todavía estás interesado en la conversación y no se sentirá ofendido por tu mirada.

3. Siéntate y levántate derecho. ¿Cuántas veces nos han dicho que nos sentemos o nos pongamos de pie derechos y no encorvados? La mayoría de las veces, una postura encorvada se asocia inmediatamente con una falta de confianza. No querrás dar ese tipo de impresión, especialmente durante una entrevista de trabajo o una primera cita. En cualquier situación en la que te encuentres, es mejor estar consciente de tu posición y de tu postura y corregirla

cuando te encuentres encorvado. Mantén tu espalda y cabeza rectas, tu columna vertebral alineada y tus hombros al nivel.

4. Mantén tu cabeza en alto. Al igual que una postura encorvada, mantener los ojos bajos en el suelo también se asocia con la inseguridad y la falta de confianza. Mantén tu barbilla levantada, con la cabeza recta y los ojos mirando directamente hacia el frente.

5. No tengas miedo de tomar un poco de espacio. Tomar un poco de espacio al sentarte o pararte con las piernas separadas es una señal de tener confianza en tí mismo y estar cómodo con tu piel. Sin embargo, no te preocupes por ofender el sentido de espacio personal de otras personas. Todavía está dentro de los límites aceptables del espacio personal, siempre y cuando no te golpees o roces con alguien en el proceso.

6. Relaja tus hombros. Cuando estás tenso, es más obvio en la forma en que tus

hombros se encorvan hacia arriba o hacia abajo. Intenta relajarte y perder un poco la tensión tirando de los hombros hacia atrás y sacudiéndolos ligeramente. Además, inclinarse ligeramente hacia atrás te hace ver confiado y cómodo.

7. Evita cruzar los brazos y las piernas. Esto es si no quieres que te perciban como defensivo, protegido o inseguro en reuniones o situaciones de negocios y sociales.

8. Da indicaciones de interés en las conversaciones. Asiente, sonríe, ríe, inclina tu cabeza hacia un lado y reacciona en los momentos apropiados durante las conversaciones. Inserta sonidos que indiquen interés o acuerdo como "uh-huh", "sí" o "ok". Mostrar señales positivas anima a las personas a escucharte y prestarte atención. De lo contrario, la otra persona llegará de manera inequívoca a la conclusión de que no está interesado en absoluto. Ten cuidado de no excederte para no parecer demasiado ansioso o

necesitado por aprobación.

9. Ralentiza tus movimientos. Esto es útil, especialmente cuando te sientes nervioso, incómodo o tímido. Hacer que tus movimientos sean más lentos deliberadamente, como caminar lentamente, puede hacer que te sientas más cómodo contigo mismo, tranquilo y confiado.

10. Elimina o minimiza los movimientos de distracción. Trata de ser consciente y evita distracciones, como moverte en tu asiento cuando estás nervioso, tamborilear con los dedos sobre una superficie cuando estás impaciente, tocarte la cara cuando estás nervioso, o sacudir las piernas de un lado a otro. Movimientos del cuerpo como estos no solo distraen a los demás, sino que también indican claramente tu nivel de incomodidad.

11. Sé consciente del espacio personal de los demás. Como regla general, no te pares demasiado cerca cuando hables con

alguien con quien no eres cercano a nivel personal. Especialmente en el trabajo y en otros entornos profesionales, siempre se espera que los límites reciban respeto y consideración.

12. Siempre mantén una actitud positiva. No importa en qué tipo de situación te encuentres, trata de mantener siempre una actitud relajada y positiva. Esfuérzate por estar relajado y abierto. Cómo te sientas por dentro siempre encontrará su camino en tu lenguaje corporal o si no en las palabras que pronuncias.

13. Aprende a manejar el estrés. El estrés arruina tu bienestar físico, emocional y mental. También compromete tu capacidad para comunicarte bien. Cuanto más estresado, más probabilidades hay de que malinterpretes a las personas y envíes señales confusas y no coincidentes. Si te sientes abrumado por el estrés, tómate un momento para calmarte antes de volver a unirte a la conversación. Una vez que te sientas más cómodo, puedes lidiar mejor

con la situación o la conversación en la que estás involucrado.

Conclusión

A medida que continúes practicando la lectura de señales no verbales y prestes más atención a las señales sin palabras que envías y recibes, eventualmente te volverás mejor en la comunicación e interpretación de las señales no verbales. Usa este libro como una guía y practica lo que has aprendido; eventualmente, serás un maestro en la comprensión del lenguaje corporal de otras personas. Esperamos que después de leer este libro te conviertas en un mejor comunicador, establezcas conexiones más profundas y establezcas mejores relaciones con las personas que te rodean.